AF372596

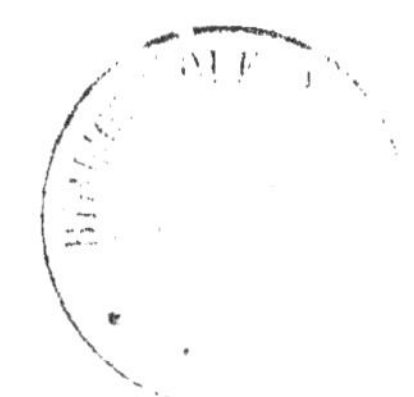

TABLEAUX ANCIENS

ET MODERNES

GRAVURES ET DESSINS

Meubles Anciens et Modernes

BOIS SCULPTÉS, OBJETS DE VITRINE

PENDULES, BRONZES

LIVRES

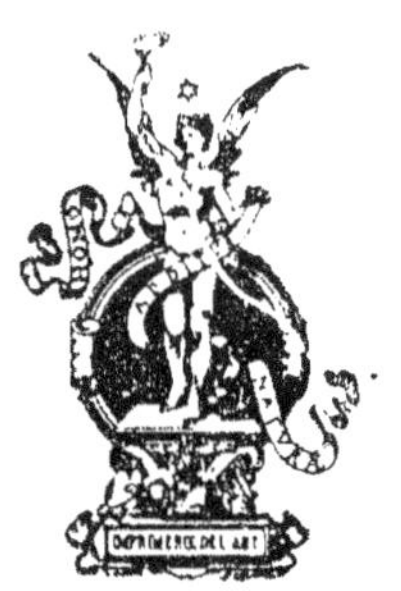
IMPREMERIE DE L'ART

CATALOGUE

DES

TABLEAUX ANCIENS

ET MODERNES

GRAVURES, DESSINS

MEUBLES ANCIENS ET MODERNES

BOIS SCULPTÉS — OBJETS DE VITRINE

PENDULES, BRONZES

LIVRES

Le tout appartenant à Monsieur B...

VENTE

HOTEL DROUOT, SALLE N° 12

LES LUNDI 21, MARDI 22
MERCREDI 23 ET JEUDI 24 AVRIL 1913

à deux heures

COMMISSAIRES-PRISEURS

Me André **DESVOUGES**	Me Raymond **WARIN**
Successeur de M. Maurice DELESTRE	113, boulevard Haussmann
26, rue de la Grange-Batelière	PARIS

EXPERT

M. Édouard PAPE, EXPERT PRÈS LE TRIBUNAL CIVIL DE LA SEINE

174, rue du Faubourg-Saint-Honoré

EXPOSITION PUBLIQUE
Le Dimanche 20 Avril 1913, de 2 heures à 6 heures

CONDITIONS DE LA VENTE

Elle sera faite au comptant.

Les adjudicataires paieront *dix pour cent* en sus des enchères.

Paris. — Imp de l'Art, Cʜ. Bᴇʀɢᴇʀ, 41, rue de la Victoire.

DÉSIGNATION

TABLEAUX ANCIENS

ET MODERNES

JOHANNOT (C.)

1 — *Cuirassier.*

LE PIC

2 — *Une Plage.*

ÉCOLE FRANÇAISE (Attribué à l')

3 — *Panier de fruits.*

COLSON

4 — *Promenade publique.*

ÉCOLE FRANÇAISE (Attribué à l')

5 — *Nature morte.*

ÉCOLE FRANÇAISE (Attribué à l')

6 — *Un Torrent.*

BORCHARD

7 — *La Pêche.*

ÉCOLE FRANÇAISE (Attribué à l')

8 — *Saint Nicolas.*

ÉCOLE FRANÇAISE

9 — *Paysage d'hiver.*

ÉCOLE HOLLANDAISE (Attribué à l')

10 — *Le Calvaire.*

ÉCOLE ITALIENNE (Attribué à l')

11 — *La Vierge et l'Enfant.*
Cadre en bois peint et doré.

ÉCOLE FLAMANDE (Attribué à l')

12 — *L'Ensevelissement. — Le Christ succombant sous le poids de la Croix.*

BREUGHEL DE VELOURS (Attribué à)

13 — *Paysage.*

ÉCOLE FLAMANDE (Atttribué à l')

14 — *L'Envie terrassant l'Amour.*
Cadre en bois sculpté.

RUBENS (Genre de)

15 — *Conversation galante.*

TIEPOLO (Genre de)

16 — *La Crainte de la vengeance céleste.*

ÉCOLE FRANÇAISE (xviiiᵉ siècle)

17 — *Villageois fuyant un incendie.*

REMBRANDT (Genre de)

18 — *Portrait d'Homme.*

ÉCOLE ITALIENNE

19 — *Tancrède secouru par Herminie.*

ÉCOLE HOLLANDAISE (Attribué à l')

20 — *L'Enfant au hibou.*

TENIERS (Attribué à)

21 — *Les Buveurs.*

ÉCOLE HOLLANDAISE

22 — *Assemblée de Femmes regardant des tableaux.*

VERNET (École de)

23 — *La Tempête. — L'Arrivée au port.*
Deux aquarelles.

DAVID (École de)

24 — *Ensevelissement d'un guerrier.*

ÉCOLE FRANÇAISE

25 — *Combat de cavalerie pendant la campagne d'Égypte.*

CHELL (Van)
(DEUX PENDANTS)

26 — *Jeux d'hiver.*

TENIERS (École de)
(DEUX PENDANTS)

27 — *Les Archers.*

— *Les Joueurs de boules.*

ÉCOLE HOLLANDAISE

28 — *Rendez-vous de chasse près d'un château.*

ÉCOLE HOLLANDAISE

29 — *Distribution de vivres pendant une famine.*

DAVID (École de)

30 — *Serment de Guerriers.*

CACINETTI

31 — *Marine.*

GILL (André)

32 — *Scène d'alcoolisme.*

TATTEGRAIN

33 — *Marine.*

34 à 80 — Quarante-six tableaux (environ) d'écoles diverses. (Seront divisés.)

DESSINS ET GRAVURES

ÉCOLE ITALIENNE (Attribué à l')

81 — *Massacre après un banquet.*

SEDAINE

82 — *Projet de tombeau.*

83 à 140 — Cinquante-sept dessins et gravures (environ.) (Seront divisés.)

BOIS SCULPTÉS, MARBRES
PIERRES, TERRES CUITES

141 — Bouddha. Marbre. Travail oriental.

142 — Quatre statues : les Saisons. Terre cuite peinte.

143 — Baladin accompagné d'un chien, d'une marmotte et d'un singe. Terre cuite.

144 — Buste de Louis XVIII. Marbre.

145 — Statue de Bacchus. Terre cuite.

146 — Christ en croix. Bois.

147 à 170 — Vingt-trois pièces (environ) ; sculptures variées. (Seront divisées.)

BRONZES, PENDULES

171 — Pendule-religieuse. Style Louis XIII.

172 — Pendule-squelette. Époque Louis XVI.

173 — Pendule en bronze doré : Jeune femme jouant de la harpe.

174 — Pendule, dont le cadran est supporté par deux cariatides à bustes de femmes en bronze patiné. Époque Empire.

175 — Garniture de cheminée, composée de sept pièces en marbre jaune et bronze patiné et comprenant : une pendule, deux candélabres, deux vases et deux coupes. Époque Empire.

176 — Buste de Vannier. Bronze patiné.

177 — Pagode chinoise, supportée par un éléphant.

178 — Pagode chinoise, supportée par un dragon.

179 à 210 — Trente et un bronzes et pendules variés. (Seront divisés.)

FAIENCES ET PORCELAINES
ANCIENNES ET MODERNES

211 à 250 — Cinquante pièces : assiettes, vases, tasses, etc., en Rouen, Palissy, Chine, Saxe, Tournai, etc. (Seront divisées.)

ARMES

251 à 290 — Quarante fusils, pistolets, sabres, épées, etc. (Seront divisés.)

OBJETS DE VITRINE
OBJETS DIVERS

291 à 400 — Cent dix pièces (environ) : émaux, boîtes, éventails, ivoires, etc. (Seront divisées).

LIVRES

401 — Poéme de l'Agriculture.

402 — Poésies Européennes.

403 — Cérémonies de tous les pays.

404 — Traité sur la Cavalerie.

405 — Chants populaires.

406 — Œuvres de Buffon. 8 vol.

407 — Musée de Versailles. 3 vol.

408 — Galerie historique de Versailles. 11 vol.

409 à 500 — Cent livres (environ), ornés de gravures.

501 à 700 — Deux cents livres (environ), sans gravures.

TAPISSERIES, ÉTOFFES

701 à 760 — Soixante pièces (environ) : tapisserie au point, chasubles, fragments. (Seront divisées.)

MEUBLES ANCIENS

ET MODERNES

761 — Grande commode Louis XV en bois de rose et de violette. Marbre portor.

762 — Table-bureau Louis XIV à deux tiroirs, à décor de marqueterie, dans le goût de Boulle.

763 — Petit meuble, à trois tiroirs, en bois de rose et de violette.

764 — Petite table, à trois tiroirs. Époque Louis XVI.

765 — Petit bonheur-du-jour. Époque Louis XVI.

766 — Secrétaire. Époque Louis XVI.

767 — Petit meuble, de forme galbée, en partie de citronnier.

768 — Secrétaire Empire.

769 — Commode, à trois tiroirs Louis XV.

770 — Deux vitrines Louis XVI en acajou.

771 — Console Louis XV en bois sculpté et doré.

772 — Console supportée par une colonne.

773 — Encoignure en bois de violette. Époque Louis XV.

774 — Six chaises, à décor laqué et doré.

775 à 800 — Vingt-cinq meubles divers : commodes, secrétaires, etc.